LA TERREUR ET LA GLOIRE

Pierre Colosso

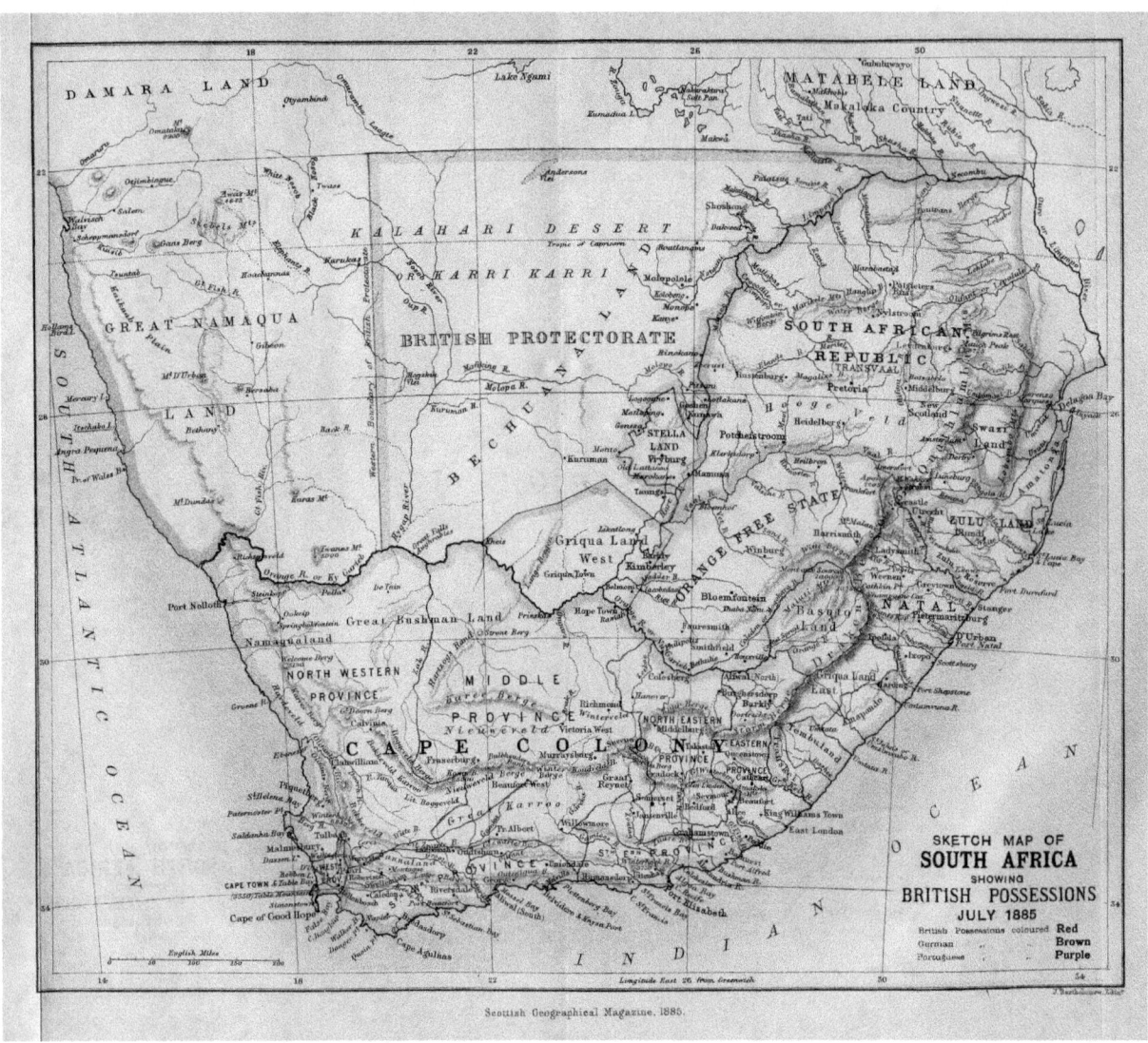

L'Afrique du sud en 1885

Le 22 Janvier 1879 eut lieu en Afrique du Sud, dans le Zoulouland, à Islandwana, un evénement impensable : l'armée britannique, une des plus puissantes du monde depuis 1815, vit son arrière-garde surprise et massacrée -soit prés de 1500 hommes- par 20.000 guerriers zoulous érigés en "impis" (regiments zoulous), qui les submergèrent et les anéantirent presque jusqu'au dernier.

Ceci est la terreur...

Ce désastre qui stupéfia l'Angleterre fut rattrapé in extremis le jour suivant par la résistance inespérée d'un camp retranché britannique à proximité de Rorke'drift , à quelques kilomètres d' Islandwana, où une centaine de soldats barricadés,commandés par deux officiers se battirent comme des lions et repoussèrent pendant une nuit entière 4 à 5000 guerriers zoulous qui lui donnaient l'assaut.

Ceci c'est la gloire...

Contexte historique

En 1879, l'Angleterre est en passe de devenir la plus grande puissance au monde depuis l'Empire romain.

En Europe elle s'est imposée définitivement en 1815 en battant Napoléon - et donc la France - à Waterloo.

Il y a déjà eu une guerre de cent ans entre les deux pays au 14ème et 15ème siècle: la France avait finalement vaincue en boutant les Anglais hors du continent.

Cette victoire de 1815 et le résultat d'un autre siècle de guerres entre ces deux pays...
le 18ème siècle.

Pourtant, au départ, la France a un immense avantage en terme de population : elle est cinq fois plus peuplée que la grande île (soit 20 millions pour la France et 4 millions pour la GB). Cet avantage se maintient quasiment pendant tout le siècle puisqu'en 1799, la France a 22 millions d'habitants contre 5 à la GB...

Par contre hors d'Europe, la GB reprend l'avantage et notamment en Amérique du Nord où la France a seulement 60.000 de ses citoyens sur un territoire immense : Canada, Ouest-américain, Louisiane tandis que la GB en a déjà plus de 2 millions essentiellement rassemblés dans les 13 colonies de la côte est-atlantique.

De plus, on le sait, elle contrôle les mers car elle a transformé son insularité en avantage grâce à son effort essentiel en construction de navires de guerre, navires civils et formation et recrutement d'équipages parfois forcés ...

La France a eu également une bonne marine sous Louis XVI mais le pays a été trop obnubilé par la défense de ses frontières terrestres et ses conquêtes continentales (la Révolution puis l'Empire) en Europe ... Elle a laissé passer sa chance symbolisée par le mot de Voltaire à propos du Canada perdu : « ... quelques arpents de neige... »...

Ses interventions extérieures -l'appui a la Révolution américaine (Lafayette, Rochambeau, l'amiral De Grasse)- ont amené l'Indépendance... pour les Américains en 1776, mais rien de concret pour la France.

Les résultats sont implacables: perte définitive de l'Amérique du Nord en 1756 (défaite de Montcalm à Québec), vente de la Louisiane par Napoléon aux USA en 1804... d'un vaste empire nord-americain, il ne reste que l'ile de Saint Pierre et Miquelon et les Québecois qui n'oublieront jamais leur langue malgré l'abandon de la mère-patrie.

Perte de l'Inde à la même époque : Dupleix étant battu en 1754 et la France ne gardant que cinq comptoirs... la GB contrôlant ce pays avec seulement un millier de fonctionnaires civils et quelques régiments pour gérer un immense pays de prés de 300 millions d'habitants à l'époque...

La rivalité va reprendre aprés 1815 en Océanie et en Afrique, l'Angleterre se taillant la part du lion (Australie, Nouvelle-Zelande et Afrique orientale quasiment du Cap au Caire, grosses enclaves en Afrique de l'ouest : Ghana, Nigeria, Sierra Leone) laissant les mains libres ailleurs à la France, puis à la Belgique (Congo), l'Allemagne (Tanganyka, Sud Ouest africain) et l'Italie (Lybie, Somalie, Erythrée) dans des régions qui ne l'intéressent pas ou peu...

Conclusions : à la fin du 19ème siècle l'Angleterre contrôle les 2/5 des terres emergées et presque le tiers de la population mondiale...

En 1879, on n'en est pas encore là, notamment en Afrique....

Le Contexte africain

Dans le cône sud africain qui nous intérese on sait que la présence européenne est relativement ancienne :
En 1488 les Portugais (Bartoloméo Diaz) ont reconnu ce cap baptisé par eux de Bonne-Esperance... espérance d'atteindre l'Inde et ses épices, ce que va faire Vasco de Gama en 1497...
Malgré cette découverte les Portugais ne coloniseront jamais la région du Cap... elle ne sera pour eux qu'une escale facultative vers l'Inde et leurs comptoirs asiatiques et de l'Insulinde.

Cette initiative revient aux Hollandais. En 1652, Jan van Riebeek débarque avec des colons pour bâtir un poste militaire et un relais pour la marine batave...
Au cours des années suivantes, le poste devient peu à peu une ville, chassant les Xsois (Hottentots) etablis là depuis toujours... le peuplement européen se renforce avec l'arrivée de 280 protestants français chassés par la révocation de l'Edit de Nantes decidée par Louis XIV en 1689... c'est eux qui vont introduire la vigne et les cépages

sud-africains.

En 1806, la Hollande occupée par Napoléon, les Anglais estiment que le Cap pourrait devenir un danger pour leurs navire en route pour les Indes si les Français s'y installent...ils débarquent un corps expéditionnaire et occupent la colonie, renforcée petit à petit par une immigration venant des iles britanniques...

En 1834 dans tout l'empire britannique, l'esclavage est declaré illégal.

S'en est trop pour les premiers colons hollandais... ce sont des calvinistes qui se voient comme les anciens Hébreux de la Bible, dans une économie agricole fondée sur le blé, la vigne, l'esclavage... Les Britanniques sont anglicans (un catholicisme "nationalisé" par Henri VIII au 16ème siècle) et leur économie est basée sur le capitalisme, qu'ils ont théorisés précisément (Adam Smith, Ricardo) et appliqués avec succés avec l'industrie, et le cosmopolitisme (qu'on appellerait mondialisation de nos jours)...

En 1835 c'est le grand Trek vers le nord : environ 15.000 colons boers -et des métis et esclaves qui leur sont attachés- fuient vers le Nord avec un millier de chariots tirés par des boeufs, pour y établir de nouvelles colonies loin des Britanniques.

Ils fondent d'abord le Natal (Noël en langue portugaise, Natalia pour les Boers) reconnu par les Portugais 3 siècles auparavant).
En 1843, les Anglais y débarquent à nouveau et les chassent plus au nord .

Les Boers fonderont alors la colonie du Transvaal reconnue par les Anglais en 1852 puis annexée par eux en 1877 (découverte de diamants à Kimberley) puis celle de l'Etat libre d'Orange, fondé a Bloemfontein, reconnu en 1854. Leur destin sera evoqué plus tard.

Il nous faut revenir sur cet exode (le Grand Trek) d'allure biblique car c'est le moment où les Europeens vont se heurter pour la première fois aux peuples bantous -plus précisement les Zoulous dans cette région- qui descendent lentement vers le sud de l'Afrique après avoir occupés précedemment tout le continent au sud du Sahara , mouvement initié quatre mille ans auparavant depuis l'Afrique de l'Ouest...
Le choc va être brutal et tragique pour les Boers... et les Zoulous.

L'avant garde boer allant vers le nord, passe le massif du Drakensberg et rencontre les tribus zoulous sous la férule du roi Dingane... ce dernier attire les chefs Pete Retief et Maritz ainsi que 70 hommes désarmés dans son camp pour celèbrer la rencontre et négocier l'octroi de terres... après quelques danses, les zoulous massacrent tous les blancs présents de façon atroce, puis ils se jettent sur les camps épars (Weenen, Blaauwkrans, Boesmanspruit) et massacrent par surprise encore 280 boers, hommes, femmes et enfants, plus 200 metis..

L'ensemble des tribus zoulous se portent alors vers le camp principal des boers à quelques kilomètres, installé au bord de la rivière Ncome...
Ceux-ci -un millier- avertis par quelques survivants et dirigés par le chef Andreis Pretorius forment le laager : ils mettent en cercle leurs wagons, mettent les boeufs au milieu ainsi que les enfants et attendent de pied ferme et ainsi a l'abri avec leurs fusils la vague zoulou... qui déferle sur eux avec prés de 15.000 guerriers armés de sagaies (iklwa) et de boucliers en peau de vache.
La bataille va durer plusieurs heures, les zoulous ne pouvant submerger les boers perdent plus de 3000 hommes alors que les boers n'ont qu'une dizaine de blessés... la rivière devient rouge de sang et sera depuis appelée Blood River.... C'est l'acte fondateur de la future Afrique du Sud sous apartheid jusqu'en 1991.
Les Boers fonderont plus tard la ville de Pietermaritzburg en l'honneur de leurs martyrs et la ville de Pretoria en l'honneur de leur general victorieux Pretorius.
Mais cet épisode laisse déjà présumer de la combativité zoulou et de leur tactique particulière .

Qui sont ces Zoulous ?

Ils sont arrivés en Afrique du Sud au cours des siècle précédents venant du territoire de l'actuelle Tanzanie au cours des 17ème et 18ème siècle.
Ce sont de multiple tribus et clans qui se font souvent la guerre.. faisant partie de la large ethnie des Bantous, qui ont petit a petit colonisé pratiquement toute l'Afrique au sud du Sahara.
En 1828 ,un nouveau roi Chaka, unifie par la force ces tribus (nombreux massacres) et instaure un entraînement militaire trés rigoureux pour les jeunes. Il élabore également la tactique dite de la "tête de buffle » : le centre représentant le front, les cornes représentant les ailes gauche et droite de l'armée qui se referment sur l'ennemi.
Tactique qui peut sembler banale puisqu'elle a été déjà experimentée avec succés par Alexandre le Grand, puis Hannibal, puis les Romains... mais en Afrique, dans des populations considerées comme « barbares » à l'époque c'est très étonnant pour les armées européennes qui devront les affronter, en oubliant cette manière de faire la guerre ou en méprisant et sous estimant ces « sauvages »...

En 1878 la situation géopolitique est donc la suivante :
Au Nord, on l'a vu, les Boers ont fondé le Transvaal (annexé mais non encore occupé par les britanniques) et l'Etat Libre d'Orange.
Au sud les Britanniques occupent la colonie du Cap avec comme Gouverneur Sir Henry Bartle Frere.
A l'est, encore un territoire britannique : c'est le Natal avec Port Durban.
Entre le Natal et le Transvaal c'est le Zoulouland, territoire laissé (provisoirement) aux Zoulous. Leur roi est Cestawayo, leur capitale est Ulundi.
Cestawayo est arrivé au pouvoir en 1856 de façon sanglante , il a éliminé son frère

Mbulazi, ses proches, et 30.000 hommes, femmes et enfants de son clan à la bataille de Ndondakusuka au bord de la rivière Tugela: des milliers de corps flotteront pendant des semaines jusqu'à l'embouchure sur l'océan.

Sir Bartle Frere est un colonialiste impénitent qui ne supporte pas cette « enclave » indigène. En fait, il veut appliquer a l'Afrique du sud le système de conféderation qui a été une réussite au Canada appliquée par Lord Carnavon alors secrétaire d'état aux colonies.

Sans l'accord de Londres, (les communications sont encore précaires à l'epoque et le nouveau chef du secretariat d'etat aux colonies : Sir Michael Hicks Beach, est hostile a une guerre avec les Zoulous) il va mener sa propre politique et tenter d'approprier a la Couronne, ce territoire.

Il prend pretexte de quelques incidents (les Zoulous ayant penetré de quelques kilomètres au Natal pour rattraper et exécuter deux femmes zoulous qui s'étaient enfuies et pour capturer brièvement deux fonctionnaires britanniques) pour poser un ultimatum rigoureux au roi zoulou le 11 Décembre 1878....
Entr'autres il veut la dissolution de l'armée zoulou et exige qu'un résident britannique contrôle en permanence les actes du roi ... la réponse doit être donnée avant le 31 Décembre 1878, soit deux semaines après cet ultimatum; le délai est ensuite reporté au 11 janvier 1879.
Faute de réponse positive avant cette date, le Zoulouland sera occupé par l'armée de sa Majesté.

Le Gouverneur sait pertinemment que cet ultimatum ne peut être que rejeté par Cestawayo et il prépare donc une armée forte de 7800 hommes, plus environ 5000 supplétifs africains venus du Natal pour envahir le Zoulouland.
L'armée dispose de deux canons, du fusil Martini-Henry (10 a 12 coups par minute), une mitrailleuse américaine Gatling (400 a 500 coups par minute), ce qui -pense-t'elle- doit lui assurer une supériorité écrasante sur les Zoulous.

Cette armée est plaçée sous les ordres de Lord Chelmsford. Il a en face de lui une armée zoulou de 35.000 hommes organisée en impis (régiments par classe d'âge) armés de leurs boucliers, de sagaies (iklwas) de batons et de quelques rares armes à feu mal employées.
C'est en fait une milice mobilisée en cas de danger national qui ne peut rester sous les armes que quelques semaines.

Lord Chelmsford (Frederic Augustus Thesiger) fait partie de l'élite de la noblesse britannique : études a Eton, carrière militaire depuis 1844 au Canada, en Irlande, en Crimée, aux Indes, Ethiopie, Asie du sud-est, membre de l'Ordre du Bain, 2ème Baron Chelmsford après le décès de son père en 1878.
En 1877, il est nommé à la tête des forces britanniques en Afrique du Sud.

L'ultimatum ayant expiré sans que Cestawayo ait cédé, l'armée britannique partie de PieterMaritzburg et du camp avancé de Helpmekaar pénètre au Zoulouland en trois colonnes qui doivent converger vers la capitale zoulou, Ulundi :

- une au Nord-ouest à Utrecht (Transvaal).
- une au centre par Rorke's Drift (Natal) en traversant la rivière Buffalo.
- une a l'est par le cours inférieur de la riviere Tugela (Natal).

Celle du centre sous le commandement direct de Chelmsford avec 1600 britanniques et 2500 troupes indigènes passe le gué de Rorke's Drift (rivière Buffalo) accompagnée de 130 chariots tirés par des boeufs; les pistes sont boueuses dûe a la saison des pluies, aussi la progression est lente et épuisante : environ 2 kms par jour.
Le 21 janvier ignorant que 20.000 Zoulous en armes sont à proximité, Chelmsford fait l'erreur de diviser ses forces, laissant en arrière-garde une troupe conséquente d'environ 1700 hommes (1100 tuniques rouges et 600 auxiliaires indigènes) au pied du piton d'Islandwana, négligeant d'ordonner de former un laager (cercle) avec les chariots.

Il part lui-même avec le reste de la troupe, attiré en fait par une force de diversion zoulou.

Le commandant par interim (Colonel Henry Pulleine) des troupes laissées à Isandlwana, sans ordre précis et ignorant le danger, laisse ses soldats éparpillés en petites unités isolées et ne fait pas distribuer assez largement les munitions. De plus, il n'a aucune expérience du combat et des Zoulous en particulier. Certains de ses officiers, conscients du danger estiment que le camp est "aussi vulnérable qu'un village anglais".

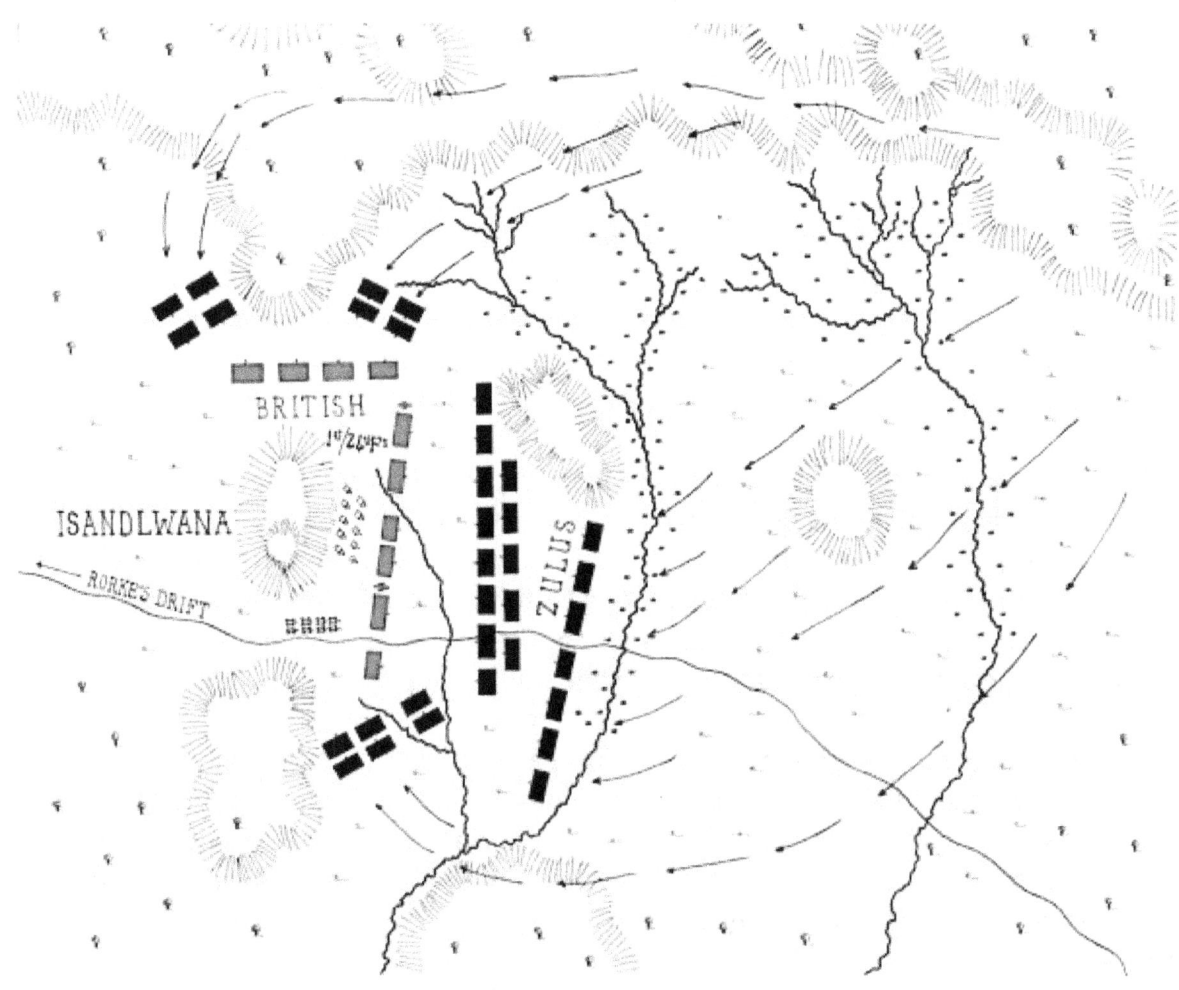

La bataille d'Islandwana

Une colonne à cheval dirigée par le colonel Dunford part en reconnaissance et découvre une partie de l'armée zoulou cachée dans les collines derrière le piton d'Islandwana, elle engage le combat mais elle est vite débordée et doit se replier en catastrophe sur le camp principal ignorant le danger qui se rapproche.
C'est une véritable armée humaine surexcitée qui débouche de tous côtés....
Les Britanniques, tout d'abord, ne perdent pas leur sang froid et forment deux lignes selon l'entraînement qu'ils ont reçu : une ligne à genoux et une ligne debout juste derrière, qui déclenche a tour de rôle un feu nourri, les pertes zoulous sont énormes (5000 hommes probables au total) mais non suffisantes pour arrêter les différentes vagues qui déferlent .. ..

C'est alors l'effondrement total et le sauve qui peut pour chaque soldat et officier au milieu d'une panique générale et des cris des zoulous excités par le sang et l'hallali : combats au corps à corps à la baîonnette contre sagaie, débordement, manque de munitions, actes de bravoure individuels et de lâcheté... Depuis Cannes et Trasimène, en Italie, où Hannibal avait massacré des milliers de légionnaires romains, on n'avait pas vu ce spectacle d'une déroute totale d'une armée de métier.

Les plus chanceux ou opportunistes qui ont pu saisir au vol un cheval galopent éperdument au milieu des sagaies jusqu'à la rivière Buffalo pour se jeter du haut des falaises mais peu en réchappe (y compris les lieutenants Coghill et Melvill qui avaient reussi à passer avec le drapeau... celui-ci partira sur les flots boueux de la Buffalo) car les Zoulous sont déjà de l'autre côté de la rivière et achèvent les blessés et retardataires.
La déroute est donc totale car les Zoulous saisissent également les approvisionnements, les armes, munitions et transports en grand nombre.
Chelmsford averti finalement, ramène ses troupes vers Islandwana pour y trouver le carnage aggravé par le fait que beaucoup de cadavres ont subi des avanies post-mortem qui horrifient les britanniques : décapitations, coeurs arrachés, organes sexuels coupés, démembrements... (rituel habituel chez les populations "sauvages" pour s'approprier la force de l'adversaire) ceci aura des conséquences par la suite , les britanniques ne faisant plus de prisonniers.
C'est donc une guerre cruelle qui s'engage, cette défaite -la plus importante pour l'armée britannique dans ses guerres coloniales- n'étant que la conséquence d'une action mal preparée, mal dirigée, qui a sous estimée gravement son adversaire.

L'effondrement britannique à Islandwana

Parallèlement, les deux autres colonnes subissent également un coup d'arrêt :
La colonne de droite, dirigée par le colonel Pearson , qui a traversé la riviere Tugela, se heurte rapidement à un impi zoulou, se réfugie dans une mission desertée à Eshowe qu'il fortifie et est encerclé par les Zoulous.
A gauche, la colonne dirigée par le colonel Evelyn Wood se refugie dans un kraal à Tinta à une vingtaine de kms au sud de la montagne Hlobane et apprenant la défaite d'Isandlwana, il y reste , encerclé lui aussi par les zoulous.
Cette première invasion du zoulouland est donc un échec total. Chelmsford décide de se replier provisoirement vers le Natal craignant une invasion zoulou de ce territoire..
Voici pour la terreur.

Voyons pour la gloire.....

A quelques kilomètres d'Isandlwana, sur la rivière Buffalo, côté Natal, il y a la petite garnison de Rorke's Drift : une centaine d'hommes (majoritairement des gallois du 24th South Wales Borderer) commandée par deux officiers:
- lieutenant John Rouse Merriott Chard du Genie (Royal Engineer) et
- lieutenant Gonville Broomhead du 24ème régiment (Warwickshire).
Elle est chargé de garder le gué et de faciliter le passage des approvisionnements pour la colonne centrale.
A 16H, elle est informée par des fuyards de la catastrophe d'Isandlwana et ne peut retenir les quelques rescapés du Native Natal Contingent à cheval (l'unité noire de Durnford) qui s'enfuient vers l'arrière. Elle sait qu'environ 4000 guerriers zoulous marchent vers eux. Ses propres troupes indigènes (une centaine d'hommes) terrifiées par l'approche zoulou, s'enfuient.
Le combat va donc se dérouler a 40 contre un... mais l'effet de surprise d'Islandwana, n'est plus.

Chard, étant plus ancien de quelques mois dans le grade prend le commandement; c'est un ingénieur militaire . Il prend rapidement des mesures énergiques et fait fortifier le camp avec une ligne de défense faite de chariots renversés et de boîtes en bois de biscuits secs empilés. La mission luthérienne (suédoise) qui a été transformée en hôpital est fortifiée, et les hommes malades mais qui peuvent porter un fusil sont mobilisés, les munitions sont distribuées, une zone de repli barricadée est mise en place à l'intérieur du perimétre.
A 17H, les premières vagues zoulous donnent l'assaut, arrivent jusqu'à la première barricade mais sont repoussés par la grêle de balles et les combats au corps à corps sur la barricade.
L'assaut va durer ainsi pendant plus de 10H avec des vagues successives de guerriers zoulou, dans la nuit, au milieu des cris, des tirs, des odeurs de poudre (les soldats anglais devront entourer leurs fusils de linges humides tant les canons sont chauds), des sagaies qui volent, des chants guerriers de part et d'autre (les Gallois ont la réputation d'être de bons chanteurs et n'hésitent pas à répliquer aux chants guerriers zoulou), du sang , des blessés et des morts .
A un certain moment de la nuit, un commando zoulou réussit a pénetrer dans l'hopital (la mission) et la bataille s'engage pièce par pièce, les Anglais creusant des trous dans les murs en terre avec leurs baïonnettes pour pouvoir reculer tout en se battant.... la bataille a lieu aussi sur le toit entre guerriers zoulous et soldats britanniques.... le toit de paille prend feu ce qui éclaire le champ de bataille et permet de mieux ajuster les tirs.
Chacun des soldats britanniques sait qu'il lutte pour sa vie et qu'il n'y aura pas de quartiers et pas de prisonniers.
Chard étant blessé legèrement , doit s'absenter pour se faire soigner, Broomhead le remplace provisoirement, les blessés qui peuvent tenir debout se défendent à la

baïonnette , distribuent des balles, amènent de l'eau aux soldats sur la brèche.

Le medecin-major (Reynolds) fait ce qu'il peut pour soigner les blessés et soulager l'agonie de ceux qui ont une blessure trop grave au milieu des cris, des sagaies qui volent, de la fumée...

Bref, un enfer qui révèle le courage insensé des zoulous (et leur faible sens tactique dans un tel combat) et la qualité de l'entraînement britannique à l'abri de ses barricades précaires mais suffisantes pour affronter les vagues d'assaut zoulou avec leurs fusils Martini-Henry et leurs baïonnettes dans les nombreux combats au corps à corps qui s'engagent.

A un moment critique de l'affrontement, les britanniques étant prêt d'être submergés sont sauvé par un hasard miraculeux... le kraal où est enfermé le bétail, mal fermé, s'ouvre sous la poussée des vaches et des taureaux affolés par les cris et les coups de feu et la vague bovine s'interpose entre les combattants de chaque camp, donnant ainsi un certain répit aux soldats anglais pour se réorganiser.

Finalement, dans la nuit, Chard (ayant repris le commandement) voyant ses hommes épuisés et prêt de lâcher pied, rapatrie les sections sur le bastion qu'il avait fait construire au milieu du camp retranché. Il en place une à l'intérieur.

A son signal, les hommes se battant sur les barricades extérieures se replient sur ce bastion avec une ligne devant le bastion, accroupie sur un genou, l'autre ligne debout derrière... le tout formant un véritable môle de trois lignes de feu où se brisent les vagues zoulou, chaque rang faisant feu a tour de rôle au commandement de leurs deux officiers.

C'est un monceau de cadavres zoulou qui s'est amoncellé devant eux quand l'ordre de cessez le feu est donné, les zoulou se retirant hors de la barricade extérieure.

L'assaut final à Rorke's drift

Les Anglais ne se font pas d'illusions et savent qu'ils vont devoir bientôt céder et donc être massacrés comme leurs frères d'armes a Islandwana quelques heures plus tôt. Mais, vers 5H du matin, les Zoulous durement étrillés (ils ont perdu plus d'un millier d'hommes) se retirent devant le regard incrédule des soldats et officiers britanniques. Ils craignent en fait l'arrivée de la colonne Chelmsford qui vient en renfort.

L'héroïque défense de Rorke 's Drift

Les défenseurs de Rorke's Drift, au total, auront 15 tués et 10 blessés sur 139 présents (dont 35 malades enregistrés à l'hopital avant l'attaque). Prés de 20.000 cartouches ont été tirées en 10H de combat par les 104 combattants britanniques.

Il n'y aura que trois VC (Victoria Cross, la plus haute distinction de l'armée britannique) distibuées pour Islandwana (pour les deux porte drapeaux à titre posthume en 1907 et en 1879 pour un soldat qui a echappé au massacre) .
Par contre Rorke's Drift demeure la bataille où a été distribué le plus de VC dans l'histoire totale de l'armée britannique jusqu'à nos jours (en tout 1354 depuis le début du 19ème siècle): soit 11 en tout, à égalité avec la suicidaire Charge de la Brigade légère à la bataille de Balaklava en Crimée en Décembre 1854 ...
Les deux officiers en font évidemment partie (Chard et Broomhead).
Ils seront invités personnellement par la Reine Victoria à dîner a Balmoral (mais Broomhead parti à la pêche en Irlande ratera le dîner).

Ce dernier sera nommé capitaine, servira à Gibraltar, aux Indes et en Birmanie. Il mourra de la fièvre typhoïde le 9 Février 1891, en Inde -il avait 46 ans- ayant atteint le grade de major (quelque part entre capitaine et lieutenant-colonel).

Chard, en Angleterre, recevra un accueil réservé aux héros (par le Parlement et la Presse et le public), il aura d'autres postes a l'étranger : Chypre, Singapour, et deviendra colonel.
Atteint d'un cancer de la langue, il mourra en novembre 1897. Il a alors 50 ans...
Sa mort sera reportée dans de nombreux journaux et de nombreux messages de sympathie seront envoyés, y compris par la Reine Victoria.

Parmi les défenseur de Rorke's Drift à survivre longtemps il y a le sergent Franck Bourne (devenu colonel) qui mourra le 8 Mai 1945 et le simple soldat Charles Wallace qui mourra en 1953.

ABOVE John Chard
(Ron Sheeley Collection)

Gonville Bromhead
(Ron Sheeley Collection)

Les conséquences immédiates de ces batailles :

Dans l'immédiat, le massacre d'Islandwana porte un rude coup au moral des troupes britanniques, ceci ajouté aux conditions climatiques qui se déteriorent : pluies incessantes et froid, provoquent des décés en série à Helpmekaar, ville de repli a une trentaine de kilomètres de Rorke's Drift à 1500 m d'altitude. Toute l'armée est fatiguée, en état de choc et dans une confusion mentale totale dûe à la culpabilité de n'avoir pu rien faire pour sauver leurs compagnons d'Islandwana et également de n'avoir pu donner une sépulture décente aux centaines de corps éparpillés sur le champ de bataille, (il faudra attendre le mois de mai pour que ce soit fait très grossièrement). De plus, faute de papier disponible, il est impossible aux soldats d'écrire à leurs proches et aux officiers d'écrire leurs ordres (Chard, cependant fera un remarquable rapport, très détaillé et plus tard Broomhead en fera un également).
Il faut ajouter que règne aussi la peur constante d'un autre assaut zoulou avec l'invasion du Natal (ce qu'il aurait été opportun de tenter si les zoulous avaient eu une vision stratégique de l'enjeu sud-africain) mais Cestewayo se contente d'avoir sauvegardé ses frontières .

Chelmsford craignant cette avance Zoulou, s'est retiré également a Helpmekaar; la nouvelle de la défaite étant parvenue à Londres, le gouvernement décide de le remplacer   par le géneral Wolseley. Il faut noter que Chelmsford fera tout pour se disculper en tentant de porter la faute sur le colonel Durnsford, mort au combat et donc incapable de se défendre.
Wolseley, mettant plus de quatre mois pour arriver en AFS, Chelmsford -qui garde officiellement la confiance du Commandant en chef britannique, le Duc de Cambridge, et de la Reine Victoria- tient absolument à effacer cette humiliante défaite en réorganisant ses troupes et en pénétrant a nouveau en Zoulouland.

Venus du reste de l'Afrique du sud, on lui envoie immédiatement 7 régiments en renforts.

Car il faut parer au plus pressé... Les deux ailes qui ont pénétrées, une au nord et l'autre au sud , sont bloquées et assiégées par l'armée zoulou depuis plusieurs semaines.
Le 29 Mars (soit plus de deux mois aprés Islandwana), une colonne avec 3400 soldats britanniques et 2300 supplétifs indigènes, marche au secours de la colonne sud encerclée dans une mission à Eshowe, mais cela se passe mal : les zoulous harcèlent la colonne qui décide finalement de se replier; elle est poursuivie par un millier de guerriers zoulous, les britanniques perdent encore 225 hommes.
Au nord, à la bataille de Kambala, 2080 britanniques bien retranchés sont attaqués par 20.000 zoulous... ces derniers sont repoussés après 5 heures de combat.

Finalement, d'autres troupes étant arrivées en AFS, débarquées à Durban, ce sont

16.000 soldats britanniques plus 7000 supplétifs indigènes qui pénètrent dans le Zoulouland fin Mai 1879, mais arrive alors un autre malheur : le Prince Imperial Louis Napoleon (fils de Napoleon III refugié en GB depuis la défaite de 1870 face à la Prusse) qui s'était engagé dans l'armée britannique, est surpris -avec sa patrouille de reconnaissance- dans une embuscade tendue par un groupe de guerriers zoulous. Il est tué, percé de coups de sagaie… C'était le 1er Juin 1879…..incident mineur dans cette guerre anglo-zoulou mais qui provoque un grand émoi en Angleterre et en France dans les milieux bonapartistes….

La mort du Prince Louis Napoleon Bonaparte

Les troupes britanniques avancent sur deux colonnes parallèles et ne font pas de quartier : tout village sur la route de l'armée est brûlé et le bétail confisqué.
Le 4 Juillet c'est l'assaut final sur la capitale zoulou: Ulundi. L'armée zoulou est battue définitivement.

 Cetshwayo s'enfuie mais il sera capturé par une patrouille le 28 Aout. Exilé au Cap, il sera envoyé en Angleterre puis finalement reçu par la Reine Victoria en 1882 , avant d'être réinstallé provisoirement comme roi des Zoulous.
 Ayant perdu l'estime de son peuple il mourra en 1884, probablement empoisonné par ses compatriotes.

Chelmsford, vilipendé par la presse et le public pour ce terrible échec d'Islandwana sera toujours protégé par la Reine (mais le Premier Ministre Disraeli refusera toujours de le rencontrer).

Il mourra en 1906 d'une crise cardiaque alors qu'il jouait au billard dans son club londonien.

Sir Bartle Frere sera rappelé a Londres ayant ruiné sa credibilité mais il maintiendra jusqu'à sa mort sa décision d'avoir envahi le Zoulouland.

Pour les Boers, la leçon sera retenue : l'armée britannique n'est pas invincible… ce sont les prémisses d'un état d'esprit qui mènera à la guerre anglo-boer quelques années plus tard (1896-1901).

A Islandwana, il faudra attendre Février 1883 pour que le site de la bataille soit définitivement nettoyé de ses débris humains et matériels. Prés de 300 monticules de pierres seront montés chacun indiquant que là se trouvent 4 ou 5 corps. C'est en Mars 1914 que sera construit un mémorial.

Actuellement, Islandwana et Rorke's Drift sont des lieux touristiques car ils demeurent pour l'un la plus grande défaite coloniale de la Grande-Bretagne et pour l'autre un exemple de résistance héroïque de la part d'hommes déterminés considérés toujours comme des héros par la communauté des peuples britanniques.

Mémorial aux soldats britanniques tombés à Islandwana

Mémorial aux Impis Zoulous tombés à Islandwana

Quelques remarques :

Pour les spécialistes de l'histoire militaire, on le sait : l'armée britannique est difficile à battre.

Sans remonter a la guerre de cent ans (Crécy, Azincourt, Poitiers), on sait que cette armée a perdu de nombreuses batailles contre les armées de Napoléon (notamment dans la péninsule ibérique) mais qu'ils ont gagné la dernière bataille décisive en Belgique, à Waterloo, en 1815.

Ce sera vérifié dans la future guerre anglo-boer (Octobre 1899-Mai 1901), où elle subira, au début de sévères défaites à Magersfontein, Colenso et Stormberg pour finalement l'emporter et intégrer les Etats boers dans une Union Sud-Africaine .

De même, au Tanganyka en 1914-18, les Britanniques seront tenus en échec pendant toutes les hostilités par un général allemand : Von Lutow-Vorbeck, génie de la guerilla, qui devra finalement se rendre avec armes et bagages aux troupes de sa Majesté en 1918.

Même chose en 1940-44 où les revers tactiques sur le continent européen en 1940 , puis en Lybie contre Rommel, puis en Asie avec la chute de Hong Kong et de Singapour seront effacés par des victoires stratégiques : Dunkerque, où seront evacués 300.000 soldats (200.000 britanniques et 100.000 Français) dans des conditions héroïques, puis dans les airs lors de la Bataille d'Angleterre où la RAF avec ses Spitfires tiendra victorieusement tête à la Lutwaffe, puis à El Alamein avec Montgomery contre l'avance de Rommel vers l'Egypte .

Ces premières sévères défaites n'ont pas eu raison du moral de l'armée et du peuple britannique qui ont tenu bon puis terminé dans le camp des vainqueurs.

On le sait peu, mais l'armée britannique est la seule armée occidentale à avoir battu une guérrilla communiste entre 1948 et 1960 en Malaisie (Etat d'urgence decrété). Il lui a fallu alors utiliser prés de 40.000 hommes (dont de nombreux commandoscomposés d'une vingtaine de Gurkas et d'un officier britannique infiltrés dans la jungle malaise) pour battre environ 8000 guérilleros.

L'armée britannique avait alors repris les méthodes peu orthodoxes du Général Wingate (1903-1944) qui avait créé les Chindits, des unités de commandos adaptées à la survie et à la lutte derrière les lignes japonaises dans la jungle birmane en 1942.

Bref, il ne faut jamais sous estimer les Britanniques qui ont un moral et une capacité de résilience et une combativité remarquable . Rorke's Drift en est un exemple évident.

Mais revenons en cette fin du XIXème siècle ; il semble bien que les Occidentaux se heurtent pour la première fois à une résistance significative des populations indigènes ;
cette résistance ultime des peuples en voie de colonisation est vérifiée sur tous les continents :

Il y a déjà eu la Révolte des Cipayes (soldats musulmans) en Inde en 1857 qui sera difficilement matée par les Britanniques au bout de deux ans avec des massacres des deux côtés.

En Afghanistan, l'armée britannique devra faire deux guerres difficiles pour neutraliser ce pays :
En 1839-42 , l'armée anglaise subit une série de défaites et doit se retirer (en 1842 une colonne de 16500 soldats et civils tombent dans une embuscade dans les gorges de Kaboul et sont tous (sauf un médeçin-major) massacrés .
En 1878-1880, l'armée britannique y pénètre à nouveau et après une série d'escarmouches victorieuses, elle réussit a installer un prince qui lui est favorable. Elle contrôle alors la politique étrangère de ce pays.

Dans le sud-ouest africain, les Allemands font face , en Janvier 1904, à un soulèvement de la tribu Herero : 200 civils allemands sont massacrés en quelques jours.
La répression sera terrible : sur 70.000 Hereros, il en restera 15.000 fin 1904.

En 1876, le 26 Juin, , aux USA, à Little Big Horn, le Général Custer, et 251 hommes du 7ème de cavalerie sont massacrés en rase campagne dans les Black Hills (Dakota du Nord) par près de 2000 Indiens Sioux lakotas et Cheyennes sous la direction de Sitting Bull et de Crazy Horse .
L'armée américaine venge cette humiliation en massacrant (Wounded Knee) et affamant les Sioux. Crazy Horse est assassiné, Sitting Bull se replie au Canada.

Au Mexique , le 30 Avril 1863, lors d'un épisode de l'occupation française de ce pays tentée par Napoleon III, 62 légionnaires de la 3ème compagnie commandés par le capitaine Daunou, sont assiégés dans la ferme de Camerone (sur la route entre Vera-Cruz et Mexico) par 2000 Mexicains de l'armée de Juarez. A la fin de la journée, il reste 6 légionnaires survivants qui chargent à la baïonnette….
Cette acte de bravoure est depuis, devenu la fête de la Légion Etrangère.

En 1896, le 1er Mars, à Adoua en Ethiopie, l'armée italienne subit une défaite écrasante (7000 hommes massacrés, 8000 blessés) face à l'armée du Négus Menelik II. Là également comme Chelmsford et Custer , le général Baratieri a sous estimé ses adversaires.

Vu du côté européen, ce type d'evénément correspond à un mythe fondateur de la civilisation occidentale initié peut être par le sacrifice de Leonidas et ses 300 guerriers spartiates aux Thermopyles face aux 200.000 guerriers de l'armée perse en 482 avant JC.

On peut penser aussi aux soldats romains sur le limes , sur le Rhin et Danube, face aux Barbares, tentant incessamment de pénétrer dans l'Empire... à Varus et ses 3 légions massacrées en l'an 9 de notre ère dans les forêts teutonnes par Arminius…. à Buzatti et le Désert des Tartares.

Probablement, tout ceci dû au sentiment du caractère "extra-ordinaire" de la civilisation occidentale dans l'Histoire du monde.

Fait à Nice le 15 Février 2014. copyright.

Bibliographie :

-Rorke's Drift de Adrian Graves. Orion Books Limited. 2002

-Wikipedia consulté plusieurs fois.

Filmographie :

- L'ultime attaque (Zulu Dawn) de Douglas Hickox avec Peter O'Toole et Burt Lancaster . 1979. sur Islandwana.
-Zoulou (Zulu) de Cy Enfield avec Stanley Baker et Michael Caine. 1964. sur Rorke's Drift.